AF341363

JOURNAL

DES

OPÉRATIONS DE L'ARTILLERIE

PENDANT L'EXPÉDITION

DE CONSTANTINE.

OCTOBRE 1837.

———

AVEC UN PLAN ET UNE VUE.

Extrait du Spectateur Militaire.

PARIS.

—

MARS 1838.

PARIS. — IMPRIMERIE DE BOURGOGNE ET MARTINET,

rue Jacob, 30.

JOURNAL

DES

OPÉRATIONS DE L'ARTILLERIE

PENDANT L'EXPÉDITION DE CONSTANTINE,

EN 1837.

———

L'artillerie destinée à marcher sur Constantine, sous les ordres de M. le lieutenant-général comte Valée, pair de France, était réunie long-temps à l'avance au camp de M'jez-Hammar. Au 1er octobre, jour du départ, elle était composée comme il suit :

PERSONNEL.

Un état-major comprenant :

1 Lieutenant-général commandant en chef;
1 Maréchal-de-camp commandant en 2e;
1 Colonel chef d'état-major ;
1 Chef d'escadron directeur du matériel ;
2 Chefs d'escadron à l'état-major;
3 Capitaines aides-de-camp ;
9 Capitaines à l'état-major ;

Six batteries, trois détachements et deux compagnies du train,

SAVOIR :

La 4e batterie du 4e régiment ;
La 8e   —   du 9e   —
La 3e   —   } du 10e   —
La 4e   —
La 5e   —   du 13e   —
La 4e   —   du 14e   —
Un détachement de la 12e batterie du 9e régiment ;
          —   de pontonniers ;
          —   d'ouvriers ;
La 3e compagnie } du 2e escadron du train des parcs ;
La 5e   —

Le tout formant un effectif général de :

Officiers	S.-officiers et soldats.	Chevaux de selle.	de trait.	Mulets.
46.	1,154.	196.	911.	120

MATÉRIEL.

1° ARTILLERIE DE SIÉGE.

4 canons de 24 ;
4   —   de 16 ;
2 obusiers de   8 ;
4   —   de 6° ;
3 mortiers de 8° ;

avec un approvisionnement de 200 coups par bouche à feu, 1,000 kilogrammes de poudre, 200 fusées de guerre, 50 fusils de rempart, 500,000 cartouches d'infanterie et plusieurs ponts et passerelles pour les hommes à pied : le tout formant un équipage de 126 voitures, dont 50 de siége et 76 de campagne.

2° ARTILLERIE DE CAMPAGNE ET DE MONTAGNE.

4 canons de   8 ;
2 obusiers de 24 ;
10 obusiers de 12 de montagne ;

les bouches à feu de campagne, approvisionnées à 180 coups ; celles de montagne à 120 obus, et 10 coups à balles par obusier.

La 4e batterie du   4e régiment servait la batterie de campagne ;
La 5e   —   du 13e   —   servait la batterie de montagne ;
La 4e   —   du 14e   —   était destinée à la batterie de brèche ;
Les 8e du 9e, et 3e du 10e, au service des batteries d'enfilade et contre-batteries ;
La 4e du 10e, à celui de la batterie de mortiers, des fusées de guerre et fusils de rempart ;
La 12e du 9e n'ayant qu'un détachement de conducteurs et les deux compagnies du train des parcs, avec les 4e du 14e, 8e du 9e, 3e et 4 du 10e, furent chargées de la conduite du parc.

L'armée expéditionnaire, divisée en 4 brigades, devant marcher sur deux colonnes à un jour d'intervalle, le lieutenant-général d'artillerie, après avoir réparti l'artillerie de campagne entre les 4 brigades, forma deux grandes divisions de son artillerie de siége. La première, qui devait marcher avec les deux premières brigades, comprit toutes les bouches à feu de siége, convenablement approvisionnées, total 60 voitures ; la seconde, les 66 voitures restantes.

DIMANCHE 1er OCTOBRE. — JOUR DU DÉPART.

A sept heures et demie, la brigade de Nemours partit de M'jez-Hammar, suivie de la brigade Trézel, qui servait d'escorte à la 1re division du parc de siége.

Le lieutenant-général commandant en chef l'artillerie, avec son état-major, marchait en tête de cette division dont il avait confié le commandement au chef d'escadron Maléchard. Les 60 voitures qui la composaient arrivèrent à midi au pied du Ras-el-Akba, ayant été retardées par les chemins qu'une forte pluie avait rendus très difficiles : il fallut mettre 14 et 16 chevaux aux pièces de 24; mais il ne survint aucun accident malgré la roideur des rampes. La pluie dura jusqu'à trois heures : alors la tête de colonne de notre brigade se trouvait à hauteur d'Annona, et ce ne fut qu'à cinq heures que le parc put être rallié. Il resta seulement en arrière, sous la conduite de M. le lieutenant Delaunay, trois voitures que l'on ne put faire passer, la route étant interceptée par des voitures du train du génie cassées et embourbées.

LUNDI 2 OCTOBRE.

La nuit fut belle, sans pluie. A six heures, M. Delaunay dépassa les voitures embourbées, et rejoignit le parc à travers les ravins et sans route frayée. A sept heures, le général de Caraman reçut du lieutenant-général d'artillerie l'ordre d'aller au-devant de la 2e division du parc, qui avait dû partir au jour de M'jez-Hammar, sous les ordres du commandant Gellibert, avec les 3e et 4e brigades. Partis à huit heures du matin avec la brigade Trézel, nous rejoignîmes à dix heures la 1re brigade qui avait bivouaqué, la nuit précédente, au sommet du Ras-el-Akba; et nous marchâmes de concert, nos pièces de 24 marchant à hauteur de l'infanterie. Le temps se remit, le terrain se sécha, et à une heure et demie nous arrivâmes au ruisseau de

Aïn Draam qui précède l'Oued-Zenati; là nous fûmes arrêtés par les travaux qu'exigea une rampe fort roide. A deux heures, les pièces de 24 franchirent l'obstacle sans peine, et arrivèrent une demi-heure après au Zenati, dont le passage nécessita encore un nouveau travail. A quatre heures, tout le parc passa sans difficulté et s'établit au delà du marabout de Sidi-Tam-Tam. Les chevaux marchèrent parfaitement pendant cette journée, et malgré la pluie de la veille on ne fut pas obligé de doubler les attelages. On apprit que le soir même les 3ᵉ et 4ᵉ brigades, avec la 2ᵉ division du parc, bivouaquaient au sommet du Ras-el-Akba, sur le point occupé la veille par la brigade de Nemours.

MARDI 3 OCTOBRE.

Après une belle nuit, la 1ʳᵉ brigade se mit en marche à sept heures et demie; la 2ᵉ la suivit avec le parc. Le colonel de Tournemine, chef de l'état-major d'artillerie, partit avec la 1ʳᵉ brigade pour reconnaître la route, emmenant avec lui 2 capitaines qui devaient alterner pour diriger le parc dans le chemin reconnu. Le lieutenant-général guida lui-même sa tête de colonne, s'assurant, à chaque pas difficile, que les pièces de 24 pouvaient passer sans obstacle; aussi ne furent-elles arrêtées que par les travaux à exécuter sur la route, et on n'eut pas recours une seule fois aux attelages de renfort. A une heure, tout le parc arriva à Raz-Zenati. On fit boire les chevaux et on donna l'orge; on repartit à deux heures et demie, et le parc établit son bivouac à cinq heures au lieu nommé Méris, auprès d'un ruisseau qui donna de bonne eau, mais

en petite quantité. On y apprit que les deux autres
brigades campaient le soir au Raz-Zenati.

MERCREDI 4 OCTOBRE.

On ne partit qu'à dix heures, ayant été au fourrage
dans la matinée; mais on ne trouva qu'un peu de paille
dans des meules à moitié brûlées par les Arabes. Le
gouverneur visita le camp; le temps était beau et les
chevaux marchèrent bien. On chemina toute la journée sans obstacle jusqu'à la hauteur qui précède le
ruisseau de Ogart-el-Beck en avant de Somma. On prit
par la vallée, mais on fut obligé de traverser cinq fois
ce ruisseau. Ces passages exigèrent quelques travaux,
on était parti tard, et l'on n'arriva qu'à cinq heures au
bivouac, dans le voisinage duquel on trouva encore
un peu de paille. Le temps était toujours beau et les
brigades d'arrière-garde n'étaient pas loin de nous.

JEUDI 5 OCTOBRE.

Les 3e et 4e brigades nous rejoignirent à huit heures;
on partit, et nous arrivâmes à midi à Somma avec tout
le parc, ayant suivi exactement la route de l'année
dernière, dont nous retrouvions les traces, contour-
nant les mamelons à droite et passant à dix pas du
monument. Avant d'y arriver, quelques tirailleurs
arabes se présentèrent sur notre droite. Le lieutenant-
général les éloigna promptement, en détachant sur le
flanc des officiers de son état-major avec quelques
brigadiers et maréchaux-des-logis d'artillerie. Enfin,
des hauteurs de Somma et par un soleil brillant, nous

pûmes apercevoir la ville de Constantine, le plateau
de Coudiat-Aty avec ses tombeaux, les escarpements
de Sidi-Mécid et la redoute Tunisienne, telle que nous
l'avions vue l'année précédente. Les troupes se mas-
sèrent, et après quelques instants de repos l'on continua à marcher dans le même ordre. Après avoir
traversé le Bou-Merzoug sans trop de difficulté, malgré
les pierres dont son lit est encombré, nos pièces de
24, qui semblaient aussi mobiles que des pièces de 8,
arrivèrent à quatre heures et demie au bivouac du
Camp de la boue, où l'on passa la nuit et où l'on échan-
gea quelques coups de fusil avec les Arabes qui cou-
ronnaient les hauteurs. Les 3ᵉ et 4ᵉ brigades campèrent
de l'autre côté de Bou-Merzoug; le temps se couvrit
et devint menaçant.

VENDREDI 6 OCTOBRE. — ARRIVÉE DEVANT CONSTANTINE.

A trois heures du matin, la pluie tombait à verse,
et nous étions dans le Camp de la boue de l'expédition
dernière. Le gouverneur vint lui-même chez le lieutenant-général commandant en chef l'artillerie lui dire
que, s'en référant à son avis de la veille, il désirait que
l'on se mît en route le plus tôt possible, avant que les
chemins ne fussent défoncés. La pluie cessa à six
heures, au moment du départ. L'avant-garde arriva
à huit heures au Mansourah, et la 1ʳᵉ division du parc,
sous les ordres du commandant Maléchard, campa à
neuf heures au pied et à droite du marabout de Sidi-
Mabrouk. Le gouverneur pria le lieutenant-général
d'artillerie de se rendre auprès de lui, et après une
courte conférence, à laquelle prit part M. le lieutenant-
général du génie, il se retira à droite et en arrière des

crêtes de Mansourah, accompagné du prince et de son état-major.

Alors le lieutenant-général d'artillerie, accompagné seulement du général Fleury et du colonel de Tournemine, chef d'état-major de l'artillerie, commença sa reconnaissance, et descendit à cet effet le long des rochers qui sont au-dessous de la partie gauche du Mansourah, précédé par une compagnie d'élite du 17ᵉ léger dont il plaçait et disposait lui-même les éclaireurs.

On reconnut qu'il était impossible de se placer exactement sur le prolongement de la face de la ville qui regarde le plateau de Coudiat-Aty, cette face, qu'on peut appeler la courtine du front d'attaque, étant trop oblique au Mansourah ; d'ailleurs on voyait directement les trois embrasures de la grande batterie au *drapeau rouge*, qui avaient vue de notre côté : on plongeait dans le Bardo, et l'on pouvait compter les maisons de Coudiat-Aty. Le lieutenant-général d'artillerie remarqua la plus grande de ces maisons, qui offrait une teinte plus grisâtre que les autres et bordait le chemin qui menait à la porte Bab el-djedid près de la grande batterie. Cette maison, que nous appellerons la *Maison Grise*, paraissait être à 3 ou 400 mètres du rempart. Ce fut à peu près à sa hauteur, sur le chemin même, que le lieutenant-général d'artillerie résolut de suite d'établir une batterie de brèche qui devait tirer avec les batteries d'enfilade et contre-batteries, et ouvrir son feu en même temps le surlendemain à la pointe du jour, si le temps, les chemins, l'ennemi en permettaient l'établissement. Pour battre la grande batterie avec plus d'avantage, le lieutenant-général reconnut à gauche au dessous du Mansourah une espèce de plateau pour 3 ou 4 pièces : cet emplacement, qui est à gauche de la position où l'on pourrait établir des pièces sur le Mansourah même pour battre d'écharpe la grande batterie, est au-dessous de cette position et plus avancé vers la ville de 100 à 150 mètres ; il offrait donc le triple avantage à nos pièces, de tirer de plus près avec moins de commandement et plus d'enfilade. Le chemin qui devait mener du parc à cet emplacement fut reconnu et parut assez indiqué pour qu'une journée de travail du génie pût le rendre praticable.

Le lieutenant-général, continuant sa reconnaissance, détermina à gauche de la redoute Tunisienne l'emplacement d'une batterie de mortiers pour tirer à la fois sur la Casbah, sur la grande batterie et sur les principaux édifices, et à sa droite, celui d'une batterie de siége pour contre-battre la Casbah qui avait été réparée depuis l'année dernière, et nous présentait quatre embrasures dans un parapet en terre nouvellement élevé.

En résumé, la reconnaissance des commandants en chef de l'artillerie et du génie confirma ce que les souvenirs de l'expédition dernière nous faisaient présumer, c'est que l'attaque par le Coudiat-Aty était la seule possible ; mais, en établissant de suite la batterie de brèche sur ce point, le lieutenant-général d'artillerie jugea nécessaire de l'appuyer sur le Mansourah par trois batteries destinées à prendre d'enfilade et de revers les batteries du front d'attaque, et à éteindre les feux de la Casbah.

Pendant cette reconnaissance, la 1re brigade tira quelques coups de canon de campagne sur les deux batteries qui défendaient la porte d'El-Cantara. Cette porte avait été refaite à gauche du pont, sur un retour, et armée de deux étages de feux. A douze heures, la 2ᵉ division du parc fut ralliée, et le parc de siége tout entier se trouva au bas de Sidi Mabrouck, sous les ordres du commandant Gellibert. A deux heures, le temps se couvrit et il plut pendant deux heures : dans cet intervalle, le général Rullière, à la tête des 3ᵉ et 4ᵉ brigades, alla occuper Coudiat-Aty. Deux pièces de campagne et deux obusiers de 6° furent placés au-dessus des crêtes du Mansourah, pour aider le mouvement et favoriser le passage du Rummel : ces quatre pièces rentrèrent au parc à la nuit. M. le commandant d'Armandy accompagna le général Rullière, pour reconnaître les chemins et la position de la batterie de brèche : l'artillerie des 3ᵉ et 4ᵉ brigades (2 pièces de campagne et 6 de montagne) s'établit à Coudiat-Aty.

Ayant déterminé l'emplacement des batteries dans sa reconnaissance, le lieutenant-général d'artillerie fit paraître l'ordre suivant, relatif à leur établissement et à leur construction.

ORDRE DE L'ARTILLERIE

POUR LA CONSTRUCTION DES BATTERIES DEVANT LA PLACE DE CONSTANTINE.

Au camp de Mansourah, le 6 octobre.

Le lieutenant-général commandant en chef l'artillerie a reconnu l'emplacement des batteries. Il en a déterminé ainsi qu'il suit la position, la composition et l'objet :

La batterie n° 1, *batterie du Roi*, sera établie sur le revers, à gauche du Mansourah : elle sera composée de 1 pièce de 24, 2 de 16 et 2 obusiers de 6 pouces.

La pièce de 24 sera placée à gauche, celles de 16 au centre et les obusiers à droite. Cette batterie a pour objet d'éteindre les feux et de détruire les défenses sur le point d'attaque dans la partie de l'enceinte comprise entre les trois portes Bab-el-djedid, Bab-el-oued et Gabia. Elle tirera principalement sur la batterie de la porte Djedid et sur celle de la porte Bab-el-oued qui est plus rapprochée que la première.

La batterie n° 2, *batterie d'Orléans*, couronnera le Mansourah, à droite de la redoute Tunisienne. Elle sera composée de 2 pièces de 16 et de 2 obusiers de 8°. Son objet sera de contre-battre et d'éteindre les feux de la Casbah et de deux batteries placées à droite de la porte d'El-Cantara.

La batterie n° 3, *batterie de mortiers*, sera placée à gauche de la redoute Tunisienne, et composée de 3 mortiers de 8°. L'objet de cette batterie sera de jeter des bombes sur le front d'attaque, sur la Casbah et sur les batteries dont le feu serait le plus difficilement éteint par le feu direct des canons.

Ces trois batteries formeront l'attaque du Mansourah ; elles seront aux ordres de M. le chef d'escadron Maléchard, et seront servies par la 8° batterie du 9° régiment, et les 3° et 4° batteries du 10° régiment.

La batterie n° 4, *batterie de Nemours*, sera établie sur le revers, à droite du Coudiat-Aty. Elle sera composée de 3 pièces de 24 et de 2 obusiers de 6°. Elle aura pour objet de faire brèche près de la porte Djedid ; elle sera au besoin divisée en deux parties, en choisissant pour les obusiers l'emplacement le plus favorable.

Cette batterie formera l'attaque du Coudiat-Aty, et sera aux ordres de M. le chef d'escadron d'Armandy, et servie par la 4° batterie du 14° régiment.

Les travaux des batteries seront commencés aujourd'hui, et, autant que possible, avant la chute du jour, et seront poussés avec la plus grande activité. Il sera immédiatement établi un pont de chevalets pour le passage des hommes à pied, au confluent du Bou-Merzoug et du Rummel.

Toute demande d'approvisionnements sera adressée par les chefs d'attaque à M. le chef d'escadron Gellibert, directeur du parc : celles pour les travailleurs seront adressées à M. le colonel chef d'état-major de l'artillerie. Les bouches à feu (canons et obusiers) seront approvisionnées à 100 coups pour la première journée, et les mortiers à 70 coups.

Le lieutenant-général commandant en chef l'artillerie ne doute pas que les officiers, sous-officiers et canonniers ne se fassent tous remarquer par leur zèle et leur instruction, et qu'ils ne soutiennent dignement la vieille réputation de l'artillerie.

Le lieutenant-général, pair de France, commandant en chef l'artillerie,

Signé comte VALÉE.

En exécution de l'ordre du lieutenant-général, à quatre heures, des détachements commandés par les capitaines Thillaye, Dardy, Lecourtois et Coteau, partirent de Sidi-Mabrouck sous la direction de leur chef d'attaque, le commandant Maléchard, pour se rendre à l'emplacement des batteries 1, 2 et 3 du Mansourah. Le colonel chef d'état-major de l'artillerie, qui avait accompagné, le matin, le lieutenant-général dans sa reconnaissance, indiqua à chacun la position exacte de sa batterie. Les travaux commencèrent à l'instant,

et des travailleurs d'infanterie, sous la surveillance de
M. le capitaine d'état-major de Salles, nommé major
de tranchée, s'empressèrent de seconder le zèle de nos
canonniers. Pendant ce temps, M. le capitaine Pradelles, commandant le détachement de pontonniers,
partit pour aller établir deux passerelles, l'une sur le
Rummel, l'autre sur le Bou-Merzoug, en avant et en
arrière des ruines de l'aqueduc romain. A six heures,
M. le commandant d'Armandy, envoyé par le lieutenant-
général d'artillerie avec la colonne Rullière pour reconnaître la position du Coudiat-Aty, revint et lui
rendit compte que les chemins pour les pièces de 24,
ainsi que l'établissement de la batterie de brèche, lui
paraissaient offrir des difficultés immenses à tous égards,
même avec le beau temps, et que d'ailleurs l'occupa-
tion du plateau n'était pas assez avancée pour permettre
ce soir même aucun commencement de travail. Le
lieutenant-général d'artillerie se décida à reconnaître
lui-même la position à la pointe du jour.

SAMEDI 7 OCTOBRE.

La nuit fut assez belle : à la pointe du jour, le
lieutenant-général monta à cheval et vint reconnaître
avec le gouverneur et le prince le travail de la nuit
dans les trois batteries du Mansourah : le lieutenant-
général avait fait remettre au prince, comme commandant du siége, copie de son ordre de la veille sur
la construction des batteries. Les travaux avaient été
poussés cette nuit avec la plus grande activité : le coffre
en terre de la batterie d'Orléans et de celle des mortiers était terminé. Le revêtement de ce coffre et des
embrasures se fit avec des sacs à terre remplis dans la

redoute Tunisienne par les travailleurs d'infanterie ; on chercha à s'enfoncer pour diminuer le travail, mais à la batterie des mortiers l'on fut arrêté à 0^m,66 par l'irrégularité des rochers, ce qui occasionna des ressauts dans la construction. De plus grandes difficultés se présentèrent à la batterie Royale, qui reposait entièrement sur le roc. Aussi le coffre ne put-il être terminé dans la nuit ; au jour il commença seulement à s'élever au-dessus de la genouillère, et, l'emplacement n'étant pas assez large pour contenir 5 pièces de front, on fut obligé d'établir en retour à gauche, pour la pièce de 24, un épaulement séparé complétement en sacs à terre. Le coffre pour les pièces de 16 et les 2 obusiers de 6° fut fait en terre portée à la main dans des couffins.

A huit heures, le lieutenant-général d'artillerie, accompagné du général Fleury et du colonel chef d'état-major d'artillerie, descendit à cheval près de l'aqueduc, et reconnut le chemin des pièces de 24, qui devait passer au-dessous, descendre ensuite cent pas au-delà de la passerelle que le capitaine Pradelles achevait en ce moment sur le Bou-Merzoug, et remonter à droite pour suivre une trace frayée et assez solide que présente la partie inférieure et plane de Coudiat-Aty.

Le lieutenant-général d'artillerie resta quelque temps à l'extrémité de ce chemin, au point où il a vue sur la place : de là il découvrit parfaitement la portion de l'enceinte vis-à-vis de Coudiat-Aty, qui est à peu près horizontale, *sans fossé, sans rocher*. C'est là qu'est située la grande batterie qui a onze embrasures de notre côté : à droite, le rocher à pic jusqu'à l'angle très aigu qui regarde le Mansourah ; à gauche le rocher encore : dans la portion qui nous regarde, sur une longueur de 150 à 200 mètres seulement, on reconnaît que nous n'avons devant nous que de la maçonnerie, sans fossé. Cette maçonnerie paraît très solide, dans toute l'étendue de la grande batterie qui est construite par ressauts. A gauche, en saillie, est une maison casematée, avec deux embrasures ; derrière, une grande caserne avec des fenêtres entourées d'arcs elliptiques entre croisés ; c'est d'une de ces fenêtres que le 13, à neuf heures du matin, doit partir le cri : *vive le roi!* A gauche de la maison casematée, et en avant, plus près de nous, on voit un minaret ; en arrière et plus à gauche encore, une autre maison casematée. En retour, vis à-vis cette maison, est, dit-on, la porte Djedid qu'on ne voit pas.

Le lieutenant-général continua sa reconnaissance en prenant successivement position sur le sommet des crêtes de Coudiat-Aty, accompagnant les tirailleurs, descendant jusqu'à la maison grise, au pied de laquelle étaient encore ceux de l'ennemi. A travers un créneau improvisé, il détermina de nouveau l'emplacement de la batterie de brèche, et prescrivit d'établir, la nuit suivante, au-dessous et en arrière de cette maison, une batterie en sacs à terre pour 2 obusiers de 6°, qui devront tirer le lendemain matin avec les trois batteries du Mansourah. Il est probable que la batterie de brèche ne pourra être construite et surtout armée que le surlendemain matin, vingt-quatre heures après les autres, à cause des chemins à faire et des énormes difficultés que présente la construction d'une batterie à 400 mètres du rempart, sous le feu direct et plongeant du canon et de la mousqueterie de la place, non encore suffisamment contre-battu, et sans aucune communication couverte en arrière.

Le lieutenant-général d'artillerie rentra à onze heures au parc de Sidi–Mabrouck. A midi il mit à l'ordre de l'artillerie les dispositions suivantes :

ORDRE DU JOUR DE L'ARTILLERIE.

Au camp de Mansourah, le 7 octobre.

Le feu de l'artillerie commencera demain 8 à la pointe du jour; le signal sera donné par le premier coup tiré de la batterie Royale.

Le tir sera dirigé avec toute la justesse et la précision possibles. Les officiers des batteries devront y apporter le plus grand soin et le rectifier fréquemment.

Les pièces tireront à volonté, et le feu sera précipité ou ralenti, suivant les progrès de l'effet à produire ; mais, dans aucun cas, on ne tirera par jour plus de 80 coups par canon et par obusier, et 60 par mortier.

Le feu de la batterie de mortiers continuera très lentement pendant la nuit et sera alors spécialement dirigé sur les points où l'on jugera que l'ennemi fait des réparations et sur les lieux où il se manifesterait quelque incendie.

Les bombes et obus qui seront chargés dans les batteries devront contenir de la roche à feu.

Indépendamment du feu des batteries de siége, 4 pièces de campagne, placées sur le Mansourah, tireront sur les batteries au-dessus de la porte d'El Cantara et sur celles à droite de cette porte. Deux autres pièces de campagne et 2 obusiers de 6°, placés sur le Coudiat-Aty, tireront sur les batteries masquées près de la porte Bab-el-oued.

Des fusées de guerre seront tirées pendant la nuit

à la batterie de mortiers, concurremment avec les bombes; la direction et l'objet de ce tir seront les mêmes que ceux des mortiers.

Trente fusils de rempart seront placés près de la batterie Royale et de la batterie de Nemours, pour tirer dans les embrasures des batteries de l'ennemi et contre-battre les feux de mousqueterie.

> *Le lieutenant-général commandant en chef l'artillerie,*
>
> Signé COMTE VALÉE.

On travailla à Coudiat-Aty toute la journée sans engagement sérieux. Au Mansourah, comme la veille, la place envoya des bombes avec assez de justesse, mais sans pertes pour nos batteries.

La pluie commença à une heure et dura jusqu'à trois. L'armement des trois batteries du Mansourah, qui devait commencer à cette heure, fut retardé jusqu'à cinq heures, pour laisser sécher le terrain, que la pluie avait déjà rendu très gras. Le sol était pierreux et repoussait les piquets; aussi l'on éprouva de grandes difficultés pour l'établissement des plates-formes. A cinq heures le commandant d'Armandy partit pour Coudiat-Aty, avec la batterie Caffort et les deux obusiers de 6° qui devaient tirer au jour. M. le capitaine Le Bœuf, qui avait accompagné le matin le lieutenant-général dans sa reconnaissance, lui servit de guide.

A six heures, le chef d'escadron Maléchard dirigea sur le plateau de Mansourah les pièces et les mortiers destinés à l'armement des batteries 2 et 3, se réservant de conduire lui-même la pièce de 24 et les deux pièces de 16 qui devaient, avec deux obusiers de 6°, armer la batterie Royale. Le chemin du parc à cette batterie avait été préparé le matin par le génie, sur un terrain de remblai adossé, d'un côté, au roc; il y avait à craindre que les eaux n'eussent enlevé une grande partie du remblai, d'autant plus que la pluie, suspendue un instant, recommençait à tomber avec une nouvelle force et sans interruption. A huit heures, M. Maléchard revint, annonçant que la pièce de 24 était versée en cage à gauche de la route. Par ordre du lieutenant-général, le colonel chef d'état-major fit réunir de suite un détachement de pontonniers, commandé par le capitaine Pradelles, et se rendit avec eux sur le lieu de l'accident. Arrivé sur le terrain, qui était devenu presque impraticable, dans une obscurité profonde, on essaya de faire avancer la première pièce de 16 en dépassant la position où la pièce de 24 était versée; on marcha quelque temps avec des pans de roue; à 100 pas de la batterie, la pièce glissa et tomba à gauche dans le débord; pendant que M. Pradelles travaillait avec ses pontonniers pour la relever, nous retournâmes en arrière pour faire avancer la seconde pièce de 16. M. le duc de Nemours arriva en ce moment avec le colonel Boyer : nous essayâmes devant lui de faire marcher cette deuxième pièce; le chemin était si étroit, si glissant, la nuit si noire, la pluie si forte, qu'on avait peine à faire quelques pas, et les lanternes effrayaient les chevaux au lieu de les guider. Le capitaine Pradelles, après avoir relevé sa pièce, la vit verser de nouveau quelques pas plus loin; malgré tous nos efforts la nôtre versa aussi en cage. Reconnaissant alors l'impossibilité de rien faire par cet horrible temps, et à plus de minuit, nous fîmes cesser un travail désormais inutile, et retournâmes en rendre compte au lieutenant-général. L'armement de la batteric d'Orléans et de celle des mortiers s'était fait pendant ce temps sans accident par le plateau de Mansourah.

DIMANCHE 8 OCTOBRE.

A minuit, M. le capitaine Auvity fut envoyé à Cou-diat-Aty pour empêcher les obusiers 6° de tirer au jour. Le lieutenant-général d'artillerie se rendit de suite chez le général Fleury, chez le gouverneur, chez le prince, et ne rentra qu'à deux héures du matin sous sa tente; le temps était toujours aussi affreux. Il fut convenu qu'à la pointe du jour le génie nous ferait remplir assez de sacs à terre pour construire une nou-velle batterie sur le plateau même du Mansourah, à gau-che, dans la position où l'on se proposait d'établir la batterie d'enfilade, avant la reconnaissance. Malgré la pluie qui ne cessait pas, cette batterie, destinée à remplacer provisoirement la batterie Royale, dont l'armement était devenu impossible en ce moment, commença son travail au jour, sous la direction du capitaine Lecourtois. Le coffre et les embrasures fu-rent terminés à midi : la batterie avait seulement 3 mètres d'épaisseur dans le haut; elle fut armée de deux obusiers de 6° et de trois pièces de 24; les plates-formes et l'armement furent terminés à deux heures : elle devint la batterie n° 5, *batterie Damrémont*. Le temps était si couvert qu'on n'y voyait pas assez pour pointer, tous les hommes étaient harassés, et l'on remit au lendemain l'ouverture du feu. Le colonel de Lamoricière offrit ses Zouaves comme auxiliaires à nos pontonniers pour remonter les deux pièces de 16 et la pièce de 24. Une pièce de 16 fut remontée dans la journée : le feu de la place était à peu près nul.

LUNDI 9 OCTOBRE.

A sept heures du matin, après une nuit aussi pluvieuse que les vingt-quatre heures précédentes, le feu s'ouvrit par la pièce de 24 placée à la droite de la batterie Damrémont. Cette batterie était commandée par le capitaine Thillaye. La batterie d'Orléans, la batterie de mortiers, commencèrent aussitôt leur feu, ainsi que les deux obusiers de 6° de Coudiat-Aty. Quelques éclaircies, quelques rayons de soleil, permirent de rectifier le tir, et la batterie d'Orléans, bien qu'éloignée de la Casbah de près de 1,000 mètres, fit de très beaux coups d'embrasures, et éteignit en peu de temps le feu de l'ennemi. Les mortiers tirèrent avec justesse, mais sans produire d'incendies durables. La batterie Damrémont concentra son feu sur l'embrasure de gauche de la grande batterie, et fit aussi plusieurs coups d'embrasures; mais, moins heureusement placée que la batterie Royale, ayant trop de commandement, et à une distance de 900 mètres au moins, son effet fut moins efficace que celui de la batterie d'Orléans.

Malgré la pluie, les Zouaves, dirigés par le capitaine Pradelles, à la tête de ses pontonniers, parvinrent à relever notre deuxième pièce de 16, et la conduisirent, avec la première, à la batterie Royale, où elles commencèrent aussitôt leur feu sous la direction du capitaine Dardy : le feu de la place continuait toujours; vers une heure il se ralentit. Le lieutenant-général ordonna alors de ne plus tirer que de quart d'heure en quart d'heure. A deux heures il reconnut, du haut du Mansourah, un chemin qui, partant du Rummel, au-dessous du Bardo, montait auprès de cet édifice en le laissant à droite, tournait brusquement à gauche par une rampe fort roide, arrivait à Coudiat-Aty, sur le versant qui regarde l'aqueduc, puis, tournant à droite, suivait une trace assez large et à peu près horizontale qui menait directement à la maison grise. Le capitaine Munster fut chargé de reconnaître si ce chemin était praticable sans travaux; si le gué qu'on ne voyait pas, à cause des escarpements et des rochers de Mansourah, pouvait donner passage aux pièces de 24, ainsi que le chemin qui conduisait à la maison grise. Le gué fut reconnu très profond, torrentueux, accessible cependant; la seconde rampe horriblement roide; tout le reste praticable, malgré d'énormes difficultés, surtout au gué et à la seconde rampe, dont le chemin, couvert de rochers et de cailloux, offrait au moins un terrain solide. D'après ce rapport, le lieutenant-général se décida à y faire passer deux pièces de 24 de la batterie Damrémont, deux pièces de 16 de la batterie d'Orléans, avec huit chariots d'approvisionnements, et donna l'ordre de partir à la tombée de la nuit. Le colonel chef d'état-major de l'artillerie fut chargé de diriger cette opération difficile et de conduire la colonne. La nuit était sombre et pluvieuse, et les chemins détrempés; à chaque pas on était obligé d'aller tâter le terrain pour reconnaître le meilleur point de passage, et ce ne fut qu'à minuit, après des efforts extrêmes et après plusieurs temps d'arrêt pour faire élargir ou aplanir la route par la compagnie de sapeurs qui nous accompagnait, que nous pûmes arriver au gué du Rummel.

MARDI 10 OCTOBRE.

Après des retards inévitables en pareilles circonstances, malgré la nuit, la pluie et l'épuisement des hommes et des chevaux, l'on parvint à engager une pièce de 24 jusqu'au milieu du gué; mais là tous les efforts devinrent inutiles, et il fallut aller à la recherche de nouveaux renforts. Tout le monde était accablé, et ce ne fut qu'à force de prières, d'encouragements et de récompenses, et après avoir erré pendant plusieurs heures sur les plateaux de Coudiat-Aty, que le colonel chef d'état-major put ramener quelques hommes et faire recommencer le travail. Des sapeurs du génie, dans l'eau jusqu'à la poitrine, travaillèrent jusqu'au jour à rouler les blocs qui obstruaient le passage; d'autres disposaient la rampe; enfin, à six heures, la première pièce commença son mouvement, attelée de 40 chevaux; 20 étaient placés à gauche, sur une volée mobile, au bout d'une prolonge attachée à la volée fixe; des travailleurs d'infanterie poussaient aux roues et à la volée; les officiers et sous-officiers du train conduisaient eux-mêmes les chevaux de leurs conducteurs, animant et tenant en main les sous-verges et déployant une activité toute digne d'éloges. Notre première pièce de 24 gravit alors la rampe et se trouve à hauteur du Bardo au moment où le jour paraît. La place ouvre aussitôt son feu; un cheval est tué dans les traits; un biscaïen ricoche sur la pièce de 24 sans atteindre les 20 hommes d'infanterie qui l'entouraient; au haut de la seconde rampe, qu'un cavalier isolé a peine à gravir, la pièce, arrêtée un instant, est calée de suite et reprend son mouvement; elle arrive au second tournant. Pendant ce temps, la deuxième pièce de 24 a passé le gué, tourné vis-à-vis le Bardo, échappant aux boulets de la place; mais, arrivée à moitié hauteur de la seconde rampe, un coup de mitraille effraie les premiers chevaux, la pièce recule et verse en cage à gauche de la route. Le feu de la place redouble; 2 chevaux seulement sont blessés; mais on continue de marcher, et les 2 pièces de 16 arrivent sans accident au sommet, ainsi que les chariots de batterie. Il était neuf heures, et il fallait songer à relever la pièce de 24. 200 hommes du 47e de ligne sont mis à cet effet à la disposition du capitaine Munster. Le lieutenant Delaunay, l'adjudant Muller et le maréchal-des-logis Heilmann, avec quelques canonniers, dirigent l'infanterie; la manœuvre se fait sous le feu de la place comme au polygone, avec deux gîtes de plate-forme et deux prolonges; la force des hommes supplée au pointal, et la pièce est relevée et a rejoint les autres avant dix heures et demie.

Le lieutenant-général d'artillerie se tint depuis le matin sur le plateau de Coudiat-Aty. Le feu très vif de la place empêchait de travailler activement à la batterie de brèche commencée en sacs à terre au-dessous de la maison grise. Le temps commençait à se remettre depuis le matin; il avait plu cinquante-six heures sans interruption. Pendant ce temps, à Coudiat Aty et à Mansourah, l'artillerie de campagne et de montagne secondait les mouvements des troupes contre les tirailleurs arabes. Dans la matinée, un nouveau pont de chevalets pour l'infanterie fut achevé par les pontonniers près du gué du Bardo; ce pont remplaçait les deux passerelles de l'aqueduc, que l'orage des jours précédents avait enlevées. A trois heures, l'ordre fut envoyé au parc de faire atteler 130 chevaux, pour conduire, la nuit, à Coudiat Aty, la troisième pièce de 24 de la batterie Damrémont, les 2 obusiers de 8° de la batterie d'Orléans, les mortiers de la batterie n° 3 et les fusées incendiaires. Dans la même nuit, les 2 obusiers de 6° de la batterie Damrémont devaient descendre à la batterie Royale, dont la pièce de 24 avait été relevée, dans la journée, par les Zouaves, de manière que, le lendemain au jour, cette batterie eut enfin l'armement prescrit par l'ordre du 6. Toutes les autres pièces de siége devaient être conduites à Coudiat-Aty, pour y occuper les emplacements déterminés, et les travaux de la batterie de Nemours poussés avec la plus grande activité.

MERCREDI 11 OCTOBRE.

A trois heures du matin, le lieutenant du train Steffe partit avec ses attelages ; le mouvement s'exécuta sans accident, quoiqu'il eût encore plu pendant la nuit. Le lieutenant-général arriva à six heures à la batterie de Nemours commandée par le capitaine Cafford. Il la trouva terminée, mais non encore armée ; une pièce de 16 était en batterie à gauche au-dessous de la maison grise : une pièce de 24 fut amenée et mise assez rapidement en batterie sous nos yeux ; puis une deuxième ; quant à la troisième, quoiqu'elle ne fût pas à plus de 30 mètres de la batterie, le feu de la place devint trop vif pour exposer les 50 travailleurs d'infanterie qu'on avait attelés à une prolonge fixée à cette pièce ; le lieutenant-général se décida à ouvrir le feu sur-le-champ, se réservant d'amener plus tard cette troisième pièce en batterie. Deux autres batteries sont

prêtes en ce moment : l'une n° 6, au-dessus de la
batterie de Nemours, et presque sur la terrasse de la
maison grise, était commandée par le lieutenant de
Beaumont, et fut construite toute en sacs à terre pour
2 obusiers de 6°; et l'autre en arrière, et sur le prolongement du chemin qui va de la maison grise à la
grande batterie, fut établie par le capitaine Lecourtois
à peu près à une distance de la place double de celle
de la batterie de Nemours, 800 mètres environ. Cette
batterie fut construite dans la nuit, sur un emplacement dont les pierres formèrent l'épaulement et dont
les embrasures seulement furent revêtues en sacs à
terre; elle prit le n° 8 et fut armée d'une pièce de 16
et de 2 obusiers de 8°. Enfin, à 150 mètres en arrière,
le capitaine Coteau établit ses 3 mortiers sur un emplacement de même nature : des débris de maçonnerie
et des briques fournirent l'épaulement, ce fut la batterie
n° 7; mais les plates-formes de cette batterie étant
arrivées en dernier lieu, elle ne fut prête à faire feu
qu'à midi environ. En résumé, à neuf heures, au
moment où le lieutenant-général donna l'ordre de
commencer le feu, cet ordre fut exécuté à la fois par
la batterie Lecourtois n° 8, la batterie de Beaumont
n° 6, et la batterie de Nemours n° 4, à laquelle man-
quait seulement une pièce de 24. Le tir fut d'abord
dirigé sur l'angle de la maison casematée qui borne à
gauche la grande batterie, et sur les trois premières
embrasures de cette batterie, tandis que les obusiers
de 8° et de 6° dirigèrent leur feu sur les pièces qui
avaient des vues sur nous. Au bout d'une heure, le feu
de la place fut éteint, et soit effet moral, soit système
de leur part (ne pas tirer quand nous tirons), leur
fusillade même devint bientôt presque nulle; il est

vrai que l'on fit de beaux coups d'embrasure et que plusieurs de leurs pièces furent promptement démontées. La batterie Royale, la seule qui restait encore sur le plateau de Mansourah, seconda parfaitement notre feu, en tirant constamment sur la grande batterie et les bâtiments en arrière. A dix heures, on remit les travailleurs d'infanterie après la 3ᵉ pièce de 24, et, animés par les officiers et l'exemple des canonniers, elle fut rapidement mise en batterie et put commencer le feu.

A dater de ce moment, on ne s'occupa plus, dans le tir, que de faire brèche à la grande batterie. La pièce de 16 et les trois pièces de 24 eurent ordre de limiter leurs coups, de l'angle rentrant de la maison casematée à la deuxième embrasure de la grande batterie, en pointant à huit pieds au-dessous pour commencer la brèche, tandis que les obusiers devaient seconder le feu des pièces, en fouillant le terre-plein de la batterie, ou frappant de plein fouet sur le revêtement. Au bout de peu de temps, le tir de ces trois batteries devint très juste, quoique paraissant d'abord produire peu de résultats. Mais, à deux heures et demie, un obus de la batterie Lecourtois, pointé par l'ordre du lieutenant-général, qui indiqua lui même le but, détermina le premier éboulement, et un cri de joie partit de la batterie de Nemours, où se trouvaient en ce moment, le prince, le gouverneur et tout l'état-major. A dater de ce moment, tous les coups devinrent meilleurs et plus décisifs, et la brèche ne fit qu'augmenter en largeur et en hauteur. On continua toujours à pointer à huit pieds au-dessous des embrasures, les obusiers fouillant les brèches partielles déterminées par le feu des pièces.

Dans l'intention de faire diversion, on essaya de faire brèche à la porte Gabia avec la pièce de 16; mais, malgré l'admirable précision du tir du brigadier Seingeot, de la 8e batterie du 9e, on ne put obtenir que des brèches partielles et sans importance. On y renonça promptement pour concentrer tout le feu, tant sur la brèche que sur les embrasures et les murs crénelés qui en battaient les approches. A une heure les mortiers commencèrent leur tir et le continuèrent autour de la brèche et sur les principaux édifices que l'on nous indiqua comme contenant des magasins de poudre et d'objets d'approvisionnement. A six heures ils reçurent l'ordre de continuer à tirer toute la nuit.

A sept heures, le commandant d'Armandy fit commencer, à 120 mètres de la place, la batterie de brèche définitive n° 9; la nuit précédente, une place d'armes avait été construite, de concert entre les commandants en chef de l'artillerie et du génie, autour de l'emplacement déterminé, par le lieutenant-général d'artillerie, pour cette deuxième batterie de brèche; dans le mouvement, le lieutenant de Beaumont fut blessé d'une balle au cou; le lieutenant Talin fut aussi frappé, mais légèrement. Pendant que la batterie Caffort se portait en avant et changeait de position, le commandant Maléchard fit remplacer les pièces de 24 par les obusiers de 8° et la pièce de 16 du capitaine Lecourtois, les 2 obusiers de 6° de la batterie Royale devant, dans la nuit, venir compléter l'armement de cette nouvelle batterie. Les mortiers et les 2 obusiers de 6°, placés au-dessus de la maison grise, ne changèrent pas de position.

JEUDI 12 OCTOBRE.

Au jour, on reconnut que l'ennemi profitant de l'obscurité de la nuit et de l'impossibilité où nous étions de tirer sur lui, par suite de nos travaux et du désarmement provisoire de nos batteries, avait réparé la brèche avec beaucoup d'intelligence, garni la crête de sacs de laine très épais, de bâts, d'affûts et d'obstacles de tous genres qu'il importait de détruire sans retard. Ce travail, en dehors des habitudes arabes, dut faire supposer dans la place des défenseurs éclairés. A six heures, le lieutenant-général arriva à la batterie de brèche de la veille, que je continuerai à appeler batterie de Nemours. Il envoya de suite des officiers à la nouvelle batterie de brèche qui était sur le point d'être terminée ; 2 pièces étaient en batterie, les autres allaient y être bientôt mises. L'approvisionnement n'était pas encore fait ; on s'en occupa de suite, et, comme il n'y avait pas possibilité de conduire des avant-trains, ni même de porter des caisses, des travailleurs d'infanterie portant une charge et un boulet, et espacés convenablement, y descendirent, en courant, sous le feu de la place, la communication n'étant couverte qu'à une très petite portée de la ville, au point où la place d'armes vient se relier au ravin qui conduit au Bardo. Heureusement cette opération se fit sans grandes pertes, et il n'y eut que peu de blessés. Nos canonniers étaient exténués ; depuis quatre nuits ils étaient presque sans repos, et il ne fallait rien moins que le zèle de nos officiers, leur courage et leur bon esprit pour leur faire surmonter ces dernières difficultés.

A neuf heures, la batterie de Nemours avait complété son nouvel armement. Le gouverneur, avec son état-major, descendait du haut du plateau pour s'y rendre, lorsqu'un boulet de la place vint le frapper de mort. Le lieutenant-général d'artillerie prit immédiatement le commandement de l'armée, et comme le feu de la place redoublait en ce moment, et gênait les travailleurs qui portaient les charges à la batterie de brèche, il fit ouvrir de suite le feu de la batterie de Nemours, des mortiers et des 2 obusiers de 6°. Cette dernière batterie, située au-dessus de la maison grise, était maintenant commandée par le capitaine Roujoux. La batterie de brèche devait tirer dès qu'elle serait prête. Aussitôt que notre feu fut bien établi, celui de la place se ralentit sensiblement; cependant le feu de la mousqueterie continua tout le soir sur la partie de la communication à découvert, au-dessous de la batterie de Nemours.

A une heure, la batterie de brèche ouvrit son feu. Le général en chef avait prescrit d'élargir la brèche à gauche jusqu'à l'angle de la maison casematée, et à droite jusqu'à celui de la maison rouge : ce but fut promptement atteint. On tira ensuite constamment sur le tiers supérieur de la brèche, et enfin à deux pieds au-dessous de la crête, afin d'adoucir le sommet de la rampe, et pour détruire les travaux exécutés par l'ennemi dans la nuit précédente. A six heures du soir, la brèche étant reconnue praticable, le général en chef fit connaître à l'armée, par son ordre du jour du 12 octobre, à 6 heures du soir, que l'assaut serait donné à la place le lendemain 13, à quatre heures du matin.

Il prescrivit en même temps au colonel chef d'état-major de l'artillerie de faire tirer toute la nuit de cinq minutes en cinq minutes, pour empêcher l'ennemi de faire de nouveaux travaux, en tirant à mitraille, dès qu'on apercevrait des travailleurs sur la brèche. Le feu s'établit en conséquence, et la lune et le beau temps favorisèrent ce tir de nuit et secondèrent l'adresse de nos canonniers.

VENDREDI 13 OCTOBRE.

Le feu de la place, presque nul le soir et une partie de la nuit, devint très vif avant la pointe du jour, au moment où les colonnes d'attaque débouchèrent du Bardo pour se rendre à la batterie de brèche, et celui de nos quatre batteries redoubla en même temps de justesse et d'activité.

Enfin, à sept heures, la brèche ayant été jugée tout-à-fait praticable, le général en chef, qui était à la batterie depuis quatre heures du matin, avec S. A. R. Mgr le duc de Nemours et le lieutenant-général du génie, donne le signal de l'assaut, et la première colonne d'attaque, le colonel de Lamoricière en tête, s'élance de la tranchée, franchit, au pas de course, l'espace qui la sépare de l'ennemi et couvre dans un instant le sommet de la brèche, pendant que notre feu, dirigé plus à droite, achève d'éteindre celui de la place et d'en disperser les défenseurs. A neuf heures, le cri de *Vive le Roi* retentit aux fenêtres de la grande caserne, le feu de nos batteries cesse de toute part et le drapeau français flotte sur Constantine.

Un nouveau rôle commença aussitôt pour l'artillerie, conservatrice des armes et des munitions de tout genre ; elle s'occupa, sans délai, de la recherche des magasins à poudre, et l'on établit à la Casbah le dépôt général où toutes les armes devaient être rassemblées. Par ordre du général en chef, des officiers d'artillerie furent chargés de parcourir la ville pour mettre des postes dans toutes les maisons qui renfermaient des magasins à poudre ou des dépôts d'armes et de cartouches. D'autres furent immédiatement chargés d'un recensement exact de l'armement de la place.

SAMEDI 14 OCTOBRE, ET JOURS SUIVANTS, JUSQU'AU 19.

M. le commandant Maléchard, chargé de ce travail, put faire connaître, dès le lendemain, que 63 pièces de divers calibres armaient les remparts, que les magasins contenaient encore 10 à 12 mille kilogrammes de poudre, 4 à 5 mille projectiles, et que, de tous côtés, se trouvaient des dépôts de cartouches.

Le désarmement général des habitants fut aussi ordonné, sous les peines les plus sévères, et contrôlé par les visites domiciliaires d'officiers de toutes armes réunis en commission. Après quatre jours, le nombre des armes déposées à la Casbah s'élevait à 2,000 fusils, 250 sabres ou yatagans et environ 300 pistolets, la plupart en mauvais état.

VENDREDI 20 OCTOBRE, ET JOURS SUIVANTS, JUSQU'AU 31.

Enfin, le général en chef, ne considérant le rôle de l'artillerie comme entièrement terminé que lorsqu'elle aurait ramené à Bône tout son matériel de siége, donna l'ordre au colonel de Tournemine, chef d'état-major de l'artillerie, de quitter Constantine le 20 octobre , huit jours après l'assaut, à la tête d'une colonne de 1500 hommes, destinée à escorter les bouches à feu de gros calibre. Cette colonne à laquelle on adjoignit 14 fourragères de l'administration , chargées de blessés, malgré le mauvais état des chevaux et toutes les difficultés de chemins détrempés par les pluies des jours précédents, revint à Bône en sept jours, et le 26 octobre, à six heures du soir, au moment où la pluie tombait à torrents, tout ce matériel était rentré sans accident, et établi au parc du siége au-dessous de la redoute de Damrémont.

Le général en chef, après avoir rétabli et assuré la tranquillité à Constantine et dans toute la province, laissa dans la ville une garnison de 2,700 hommes, et se mit lui-même en marche le 29, avec S. A. R. à la tête de la dernière colonne. Il arriva au camp de M'jez-Hammar le 1er novembre, et, par l'ordre du jour suivant, témoigna à l'armée sa juste satisfaction de sa noble et glorieuse conduite.

ARMÉE EXPÉDITIONNAIRE DE CONSTANTINE.

ORDRE GÉNÉRAL.

M'jez-Hammar, le 1er novembre 1837.

Soldats ! vous venez de terminer une campagne pénible et glorieuse ; vous rentrez dans votre camp, un mois jour pour jour après l'avoir quitté, et, dans ce court espace de temps, vous avez pris une ville fortifiée par la nature et par l'art, vous avez pacifié une province que la guerre désolait depuis plusieurs années. La France verra avec orgueil les lauriers qui entourent vos drapeaux, et les vieux guerriers qui ont pris part aux grandes batailles de l'empire applaudiront aux faits d'armes de leurs jeunes successeurs. Pour moi, je suis heureux qu'à la fin de ma longue carrière la fortune m'ait appelé à commander une armée aussi brave et aussi dévouée, et je vous remercie de l'appui que vous m'avez tous accordé dans des circonstances difficiles.

Le prince qui a constamment marché à votre tête, qui a partagé vos travaux et vos privations, fera connaître au Roi le zèle et la résignation que vous avez montrés, et je ne doute pas que la justice de Sa Majesté ne vous accorde bientôt les récompenses que vous avez si noblement méritées.

Le lieutenant-général commandant en chef,
Signé COMTE VALÉE.

Deux jours après, le général en chef rentrait à Bône, et, le lendemain, tout le matériel d'artillerie qui avait concouru à la prise de Constantine, sans en excepter une seule voiture, se trouvait réuni au parc : 4 obusiers de montagne seulement furent ajoutés à l'armement de Constantine, avec un approvisionnement de 250,000 cartouches d'infanterie.

Bône, le 4 novembre 1837.

Le colonel chef d'état-major de l'artillerie
de l'armée,
B^{on} DE TOURNEMINE.

Vu :

Le 4 décembre 1837.

Le maréchal de France, gouverneur-général,
COMTE VALÉE.

PLAN DU SIÈGE DE CONSTANTINE

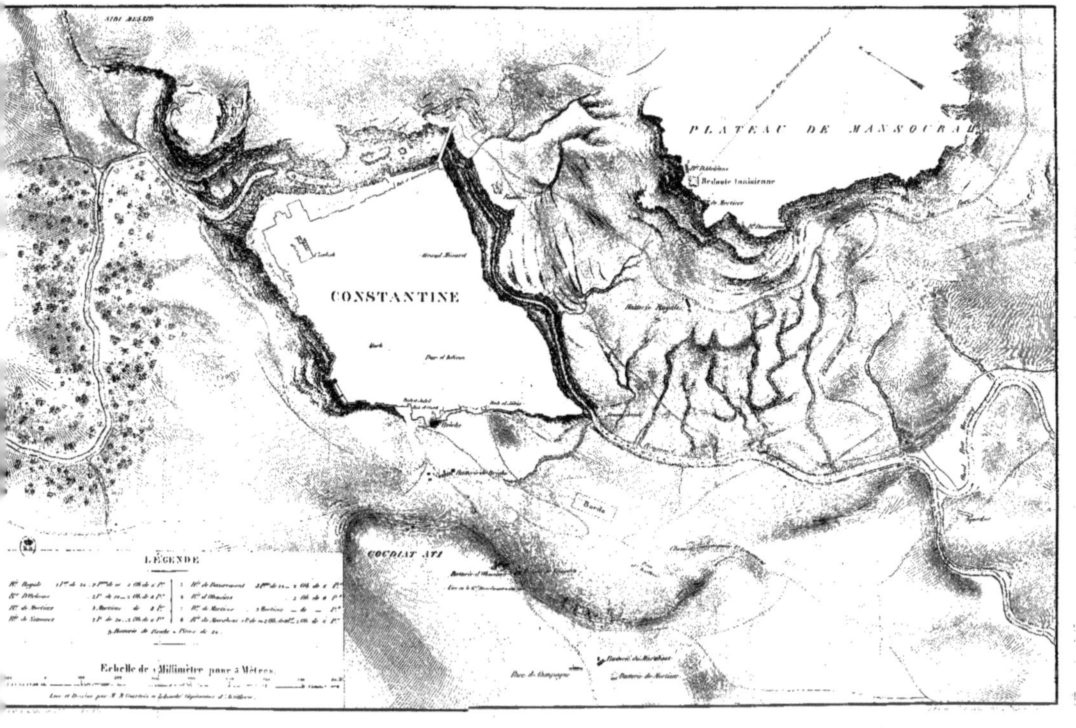

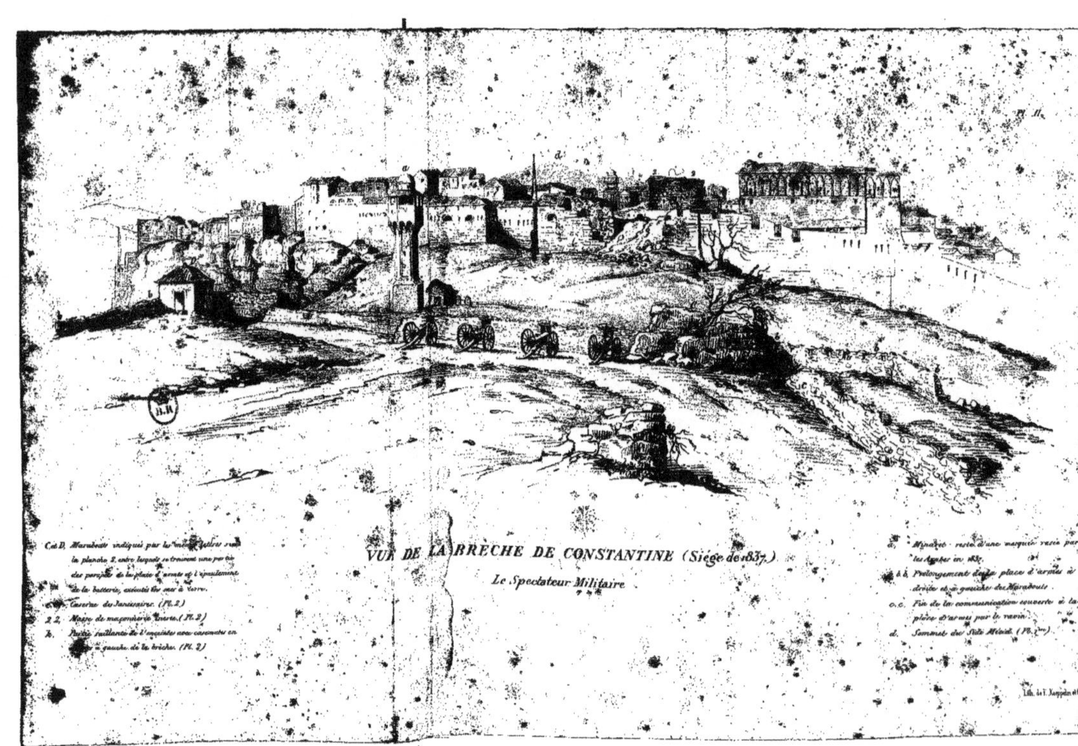

VUE DE LA BRÈCHE DE CONSTANTINE (Siége de 1837.)

Le Spectateur Militaire

C et D, Marabouts indiqués par les mêmes lettres sur
la planche 2, entre lesquels se trouvent une partie
des parapets de la place d'armes et l'épaulement
de la batterie, exécutés tir mer à terre.

E. E. Caserne des Janissaires. (Pl. 2)

2. 2, Masse de maçonnerie écrasée. (Pl. 2)

h. Partie saillante de l'enceinte avec casemates en
arrière à gauche de la brèche. (Pl. 2)

a, Minaret reste d'une mosquée rasée par
les Arabes en 1832.

b. b. Prolongement de la place d'armes à
droite et à gauche des Marabouts.

c. c. Fin de la communication couverte à la
place d'armes par le ravin.

d. Sommet du Sidi Mécid. (Pl. 1re)

Lith. de T. Knippler et C.

c, d, i

e, e,
2, 2,
k,

www.ingramcontent.com/pod-product-compliance
Lightning Source LLC
LaVergne TN
LVHW020555060726
842525LV00004B/1450